AF332160

PUBLICATIONS DE LA RENOMMÉE.

BIOGRAPHIE GÉNÉRALE DES DÉPUTÉS.

Notice biographique

SUR LA VIE ET LES TRAVAUX

DE

M. BOURDON DE VATRY,

DÉPUTÉ,

Dédiée aux Électeurs de Château-Salins (Meurthe).

PARIS.

Aux Bureaux de LA RENOMMÉE,

Biographie générale, Revue Littéraire,

RUE NOTRE-DAME-DES-VICTOIRES, 14,

Et à tous les Dépôts de Publications.

1842

Paris. — Imp. de C. BAJAT, r. Montmartre, 131.

VATRY [BOURDON DE],

DÉPUTÉ DE LA MEURTHE.

La naissance de M. de Vatry remonte à la fin
de l'année 1795, cette épouvantable année où,
fatalement poussé hors de ses voies par la guerre
civile et par la guerre étrangère, notre sublime
mouvement national de 89, brillante aurore dont
le soir fut si sombre, aboutissait, de secousse en
secousse, pour l'infortuné Louis XVI, à l'échafaud,
pour la France, au sanglant régime de la terreur.

Son père était un homme d'une rare élévation
d'esprit et de caractère. Il partit de Brest pour l'A-
mérique, à l'âge de 19 ans, avec M. de Lafayette,
dont il resta toujours l'ami. Après la conquête de

l'indépendance des États-Unis, il fut mis à la tête de l'administration des colonies. Plus tard, agent maritime de la république à Anvers, ce fut lui qui, aidé des conseils de l'ingénieur Sganzin, donna l'idée des beaux travaux exécutés dans la suite pour le rétablissement du port de cette ville. Quand Seyès parvint à la présidence du Directoire, il fut nommé au ministère de la marine, en remplacement de l'amiral Bruix. Assez heureux dans ce poste éminent pour réussir, malgré des obstacles sans nombre, à faire parvenir 4,000,000 de rations à l'armée des Alpes et d'Italie, de concert avec Bernadotte, alors ministre de la guerre, il sauva d'une ruine presque certaine cette armée que commandait le brave général Championnet. Après le coup d'État du 18 brumaire, il donna sa démission qui fut refusée. Mais, habitué déjà à voir tout plier sous sa volonté, le premier consul le destitua peu de temps après, pour le punir d'une résistance à des actes auxquels ce ministre opposait des refus motivés sur sa responsabilité.

Partout cet honnête homme donna l'exemple de la justice et de l'intégrité. Au reste, le plus bel éloge qu'on puisse faire de lui se trouve dans ces quelques lignes que nous extrayons de la fin d'un article nécrologique du Moniteur, à la date du

3

24 avril 1828, époque de sa mort : « M. le baron de Vatry jouissait pour toute fortune d'une
pension de 6,000 fr. que le roi avait daigné accorder à ses longs et louables services. »

Rien à dire, que nous sachions, sur les pre-
mières années de son second fils, le député ac-
tuel. Dans ces temps de luttes incessantes et achar-
nées, où les jours se comptaient par des combats,
les semaines par des batailles; où on était homme
dès qu'on pouvait tenir un fusil ou manier une
épée; entre toutes les carrières qui s'ouvraient
belles et larges devant lui, M. de Vatry se décida pour celle des armes. C'était la plus chan-
ceuse, et par cela même la plus courue, la
plus brillante. A ceux qui, avec de la jeunesse,
de l'éducation, du courage, s'y lançaient, comme
lui, résolument, par vocation, l'avenir se présen-
tait paré des rêves les plus glorieux, des plus ma-
gnifiques espérances; mais aussi par l'effroyable
consommation d'hommes qui se faisait alors, combien de ces espérances avortaient dans leur germe!
Combien de ces rêves s'éteignaient dans le sang,
tranchés dans leur fleur par la mort, qui, elle, était
une réalité terrible, réalité de toutes les heures, de
toutes les minutes. Nous ne nous étendrons pas sur
cette partie de la vie de M. de Vatry, qui renferme
cependant un épisode intéressant : en effet, après

la violation de la capitulation de Dresde, il eut le bonheur de regagner notre armée d'Italie, muni de notes précieuses sur celles des alliés, qu'il venait de traverser à l'aide d'un déguisement.

Ce fait valut un avancement extraordinaire à M. de Vatry, capitaine de hussards et décoré à vingt ans. Nous nous bornerons à ajouter que, pendant les cent jours, il fut attaché par l'empereur à son frère Jérôme Napoléon, à Waterloo, où il reçut de ce prince la bien douloureuse mission de venir apporter à Paris les funestes détails de notre glorieux désastre; que, mandé par l'empereur aussitôt après son arrivée dans la capitale, où il n'était parvenu qu'après avoir traversé les débris de notre armée, et questionné par lui sur l'état des ressources qui nous restaient encore, il lui déclara que nous ne pouvions mettre en ligne plus de vingt-cinq mille hommes; qu'enfin, il rédigea sous ses yeux, à l'Elysée, un rapport sur ce qu'il avait vu, lequel rapport fut lu par ordre de l'empereur aux Chambres; et nous ajouterons qu'une seconde mission entièrement particulière et personnelle, que l'empereur lui-même lui confia dans ce moment suprême, lui valut à son retour à Paris, quelques jours plus tard, les honneurs de la prison. — Il était alors chef d'escadron.

Cette captivité injuste détermina M. de Vatry à

\.\.nter la fortune en Angleterre, en Espagne et à
Naples, par des opérations de commerce et de
finances.

De retour à Paris, il y jouissait, dans une douce
oisiveté, du résultat de ses efforts, lorsque la révolution de 1850, en plaçant sur le trône un
prince proclamé par le vœu populaire, le décida
à sortir de l'honorable obscurité dans laquelle il
était resté renfermé pendant quinze ans. Un
grand ministre, qui l'honorait de son amitié,
Casimir Périer, lui offrit la mission d'Ancône avec
M. Dittmer; il l'accepta. Cette mission était gratuite.

Croyant à la guerre, il redemanda et obtint son
grade de chef d'escadron dans l'armée; mais, par un
désintéressement que nous ne saurions trop louer,
dans un moment où les besoins de l'État appelaient
les bons citoyens à un emprunt national, il exigea
que cette disponibilité fût sans solde.

Ce fut sous les auspices de sa vie de soldat sous
l'empire, de sa vie d'industriel sous la restau-
ration, de sa vie de citoyen fermement attaché à
l'ordre de choses créé en France par la révolution
de juillet, depuis 1850, qu'il se présenta en 1854
aux suffrages des électeurs de Saint-Denis. S'il
ne réussit point dans cette première candida-
ture, les 114 voix qui lui furent données, en lui
prouvant la haute estime qu'on faisait de lui, purent

le consoler d'un échec que partagea avec lui M. Jacques Laffitte, qui n'en obtint que cent trente-neuf.

Aux élections de 1855, il se porta candidat au collége de Château-Salins (Meurthe), et il fut élu (7 novembre). Depuis cette époque il n'a point cessé de faire partie de la Chambre, comme mandataire de ce même collége.

Arrivé à la Chambre sans autre engagement pris vis-à-vis des électeurs que celui de rester fidèle aux principes et à la politique de Casimir Périer, M. de Vatry s'est montré jusqu'à ce jour religieux observateur de sa parole. La députation a été pour lui un *but*, non un *moyen*. Occupé des affaires du pays, il n'a jamais songé aux siennes. Ce qu'il était à vingt-un ans, il l'est encore aujourd'hui, chef d'escadron et simple légionnaire. Inaccessible aux séductions des partis comme à celles du pouvoir, libre de toute influence étrangère à sa conscience, il n'a jamais engagé son vote qu'après avoir assidûment suivi la discussion jusqu'à sa fin. Il y a des hommes plus éminents à la Chambre, il n'en est pas de plus honorables.

Parmi les travaux de la Chambre, auxquels il a pris une part active, nous citerons :

Dans la session de 1857 (séance du 29 mars), son rapport au nom de la commission chargée d'examiner la proposition relative aux sous-officiers et soldats amputés, nommés membres de la Légion-d'Honneur depuis leur mise à la retraite.

Dans la même session (séance du 4 février), son rapport sur la pétition du sieur Mercier, demandant qu'il fût interdit à tout pair de France et député de publier un journal quotidien et de le signer comme gérant-responsable, rapport dans lequel il fit entendre ces paroles accueillies avec tant de faveur par la presse indépendante :

« Messieurs, s'il est vrai que la presse soit un quatrième pouvoir, ainsi que l'a proclamé à cette tribune un orateur dont le souvenir y sera toujours honoré, loin de désirer que cette puissance soit restreinte, il est de l'intérêt public qu'elle se généralise. A travers cette confusion apparente que présente au premier coup d'œil la diversité de ses débats, l'éducation politique des peuples se fortifie par ce besoin toujours croissant pour chaque citoyen de connaître quotidiennement les affaires du pays, et l'instinct de la conservation guidant les masses, les éloigne des écrivains turbulents, peu nombreux, je me hâte de le dire, que l'espoir de trouver une haute position dans la loterie ouverte par les révolutions porte à vouloir en fomenter de nouvelles, en faisant de leurs plumes des instruments d'anarchie. L'un des moyens les plus naturels de paralyser ce danger, n'est-ce pas de voir une rivalité s'établir entre des journalistes dont le caractère et la position honorables inspirent d'avance confiance à leurs lecteurs? Loin de penser ainsi, le pétitionnaire nous prie de défendre que des gérants responsables puissent jamais être choisis dans les grands corps de l'État. Cependant, jusqu'ici, on avait accordé aux hommes qui ont l'honneur d'en faire partie plus de droits qu'aux autres citoyens; mais personne n'avait songé à leur contester celui commun à tous les Français (art. 7 de la Charte), de publier et de faire imprimer leurs opinions. Cette liberté, Messieurs, vous le savez, est une des conditions du gouvernement représentatif. Pénétrée de cette vérité, votre commission ne peut adopter les exceptions demandées par le sieur Mercier contre les hommes qu'il veut exclure de la polémique de la presse ; leur haute position ne peut, au contraire, qu'être une garantie de plus pour la direction de l'esprit public, et un acheminement à voir enfin les journaux s'affranchir de ces subventions normales, flétrissantes pour la main qui les reçoit, sans être utiles à celle qui les donne. Votre commission espère, par ces considérations, l'ordre du jour. »

Dans la session de 1858, sa proposition tendant à ce qu'il fût accordé, à titre de récompense nationale, une pension de trois mille francs à la veuve du lieutenant-général Daumesnil, cet héroïque soldat qui, dans les plus mauvais jours, n'avait voulu *ni se vendre ni se rendre*.

Dans la session de 1840 (séance du 20 février), son rapport au nom de la commission chargée de l'examen du projet de loi ayant pour objet d'accorder, à titre de récompense nationale, à la veuve du colonel Combe, une pension annuelle et viagère de 2,000 francs, que son illustre époux avait gagnée par sa mort héroïque sous les murs de Constantine. (*Voir ce rapport à la fin de la notice.*)

Dans cette même session (séance du 5 juin), la demande qu'il fit, dans le but de remédier aux graves inconvénients résultant du manque de fixité dans l'administration des haras , de la création d'un conseil composé de 16 éleveurs , 4 officiers supérieurs de cavalerie, 4 inspecteurs généraux des haras , l'agent-général des remontes, le président de la société d'encouragement pour l'amélioration de la race chevaline en France ; lequel conseil aurait voix consultative sur toutes les questions relatives aux diverses espèces de bestiaux, et ne pourrait, une fois ses délibérations approuvées par son président, par le ministre ou son sous-secrétaire d'État, être réformé que par une ordonnance royale.

Enfin, dans la présente session, son discours sur la proposition de M. Ganneron, relative aux députés fonctionnaires ; discours dans lequel, appuyant les deux premiers termes de cette proposition, il demanda que, pendant toute la durée donnée par la Charte à leur mandat, il ne fût plus permis aux fonctionnaires publics d'accepter aucune espèce d'avancement, de décorations ou de faveurs quelconques, et que les nouveaux élus qui ne seraient pas fonctionnaires au moment où ils arriveraient à la Chambre, fussent placés sous la même interdiction.

M. de Vatry possède une belle fortune, mais riche pour lui, il l'est aussi pour les autres. Nous n'en voulons d'autre preuve que ces quelques lignes que nous empruntons au Journal de la Meurthe :

« M. de Vatry vient de faire connaître à l'arrondissement de Château-Salins que le gouvernement, étant décidé à adopter le tracé direct de Paris à Strasbourg, et à accepter les souscriptions, il concourra dans la dépense du chemin de fer pour le dixième du montant des sommes votées par toutes les communes de cet arrondissement. Cet acte de générosité, qui ne nous surprend pas, sera sans doute, etc., etc. »

Ici finit notre tâche. Nous eussions désiré donner plus de développement à cette notice, dont nous avons puisé les principaux détails dans les Mémoires du duc de Rovigo. Nous avons, à cet effet, prié M. de Vatry de vouloir bien nous fournir quelques renseignements ; mais, se retranchant derrière sa prétendue obscurité, l'honorable député a répondu à notre demande par cette lettre, que, pour la justification de notre insuffisance, nous croyons devoir mettre sous les yeux de nos lecteurs.

Paris, 30 mars 1842.

MONSIEUR,

En réponse à la lettre que vous m'avez fait l'honneur de m'écrire hier, afin de me dire que vous avez pris la peine de passer chez moi, pour me demander une notice sur mon compte, destinée à une histoire des Députés, je me hâte de vous déclarer que je ne me reconnais nullement d'étoffe à occuper le public de ma personne. J'ajouterai que, si j'avais assez d'amour-propre pour pouvoir penser autrement, je serais arrêté dans mon désir d'acquiescer à celui que vous voulez bien me témoigner par cette parole si sage de l'Evangile : « *Si ego glorifico meipsum, gloria mea nihil est.* » En effet, le premier mérite d'un biographe doit être l'impartialité ; or, on peut difficilement l'attendre d'articles fournis par les parties intéressées. Cette conviction doit me faire me borner à vous conseiller, s'il entre dans votre plan d'y faire figurer mon nom, de consulter mes états de services à la guerre et le Moniteur officiel, dans les rares circonstances où je suis monté à la tribune nationale, pour y soutenir des opinions auxquelles on n'aura jamais le droit de refuser au moins la conscience.

Veuillez agréer, etc.   A. D.

Chambre des Députés.

(Session de 1840.)

RAPPORT

Fait au nom de la Commission (1) chargée de l'examen du projet de loi ayant pour objet d'accorder, à titre de récompense nationale, à la veuve du colonel Combe, une pension annuelle et viagère de 2,000 fr.

PAR M. DE VATRY,

Député de la Meurthe.

Séance du 20 février 1840.

MESSIEURS,

La guerre d'Afrique voit se renouveler chaque jour les prodiges de valeur qu'enfantera constamment la présence de notre drapeau devant l'ennemi. Cet élan, qui fut de tout temps le caractère distinctif de nos soldats, semble s'accroître devant le fanatisme et la férocité des Arabes : l'imminence de leurs attaques, où la mort est la conséquence d'une surprise, perpétue chez nos jeunes combattants cet héroïsme auquel des Chambres françaises seront toujours heureuses de rendre hommage. Cette certitude explique l'empressement du Cabinet à substituer à la proposition de MM. Ardaillon, Odilon Barrot, Mauguin, Dugabé, Fulchiron, Lachèze et Durosier, le projet de loi qu'il nous a présenté au nom du Roi, pour accorder une récompense nationale à la mémoire du colonel Combe. Le général Schneider, arrivé au pouvoir, s'est rappelé ses efforts comme Député pour cette noble cause... Exemple trop rare chez les Ministres pour ne pas l'encourager! Aussi, votre

(1) Cette Commission est composée de MM. Ardaillon, Fulchiron, le marquis de Chasseloup-Laubat (Just), Piéron, Durosier, le baron Périguon, Deshameaux, de Combarel, de Leyval et de Vatry.

Commission espère-t-elle que vous aiderez au triomphe de cette louable persévérance, sans vous arrêter devant quelques doutes d'une susceptibilité scrupuleuse, qui s'était émue lors de la présentation inopinée du projet de loi du Gouvernement, succédant à la proposition primitive. Ses honorables signataires n'ont vu, ainsi que nous, dans cet acte du Ministère, resté d'ailleurs dans la limite de ses droits, qu'une marque de déférence donnée à la manifestation d'un vœu national dont votre initiative s'était rendue l'interprète.

En 1838, la législature fut également saisie de cette question par M. de Garraube, mais sous des conditions moins favorables; en effet, un membre du conseil présidé par M. le comte Molé se crut obligé de remplir le devoir le plus pénible (c'est ainsi qu'il s'exprima), en déclarant à cette tribune que le Roi étant le chef de l'armée, il était préférable qu'elle tînt ses récompenses de la Couronne plutôt que des autres pouvoirs. Cette opinion, habilement soutenue par un homme de conscience, devait trouver de nombreux partisans dans cette assemblée, qui saura toujours respecter autant les droits du trône que maintenir ceux dont la confiance du pays l'a rendue dépositaire.

Mais aujourd'hui le motif de rejet invoqué il y a deux ans ne peut plus être opposé au projet soumis à votre examen, puisqu'il est fortifié du concours si désirable du Gouvernement. Cet heureux accord doit permettre d'espérer en faveur de la loi les suffrages de ceux de nos collègues auxquels l'absence de l'initiative royale avait paru une raison déterminante pour refuser à la mémoire d'un brave la récompense d'une vie glorieuse. Toute complète qu'ait été celle du digne colonel du 47ᵉ, qu'on l'admire à Waterloo, Ancône ou Constantine, elle ne justifierait peut-être pas assez la demande d'une pension hors ligne, s'il n'y avait dans les circonstances qui ont accompagné la fin héroïque de Combe le caractère particulier d'un service éminent et extraordinaire. Votre Commission l'a reconnu à l'unanimité dans les détails suivants.

L'expérience acquise par le maréchal Vallée à tant de siéges mémorables lui avait fait juger que nos couleurs nationales ne remplaceraient l'étendart d'Achmet sur les murs de Constantine qu'au prix de pertes cruelles : afin d'en diminuer le nombre, il avait formé trois colonnes d'attaque, sous les ordres de M. le duc de Nemours, chargé du commandement du siége. A la tête de la première, l'intrépide Lamoricière venait d'escalader la brèche, lorsque l'explosion d'une mine tua ses valeureux compagnons Sérigny, Vieux, Demoyen, Hacket et une foule d'autres braves. Le danger immense en ce moment ne pouvait se calculer, les remparts cachant à nos bataillons la scène de carnage où tombaient tant de nobles victimes.

Qu'y a-t-il derrière ces murailles où la mitraille n'a laissé debout que le drapeau qu'y planta le vaillant de Garderens en l'arrosant de son sang? Une seconde mine exterminera-t-elle aussi ces nouveaux assaillants prêts à courir au secours de leurs frères d'armes? Ces cruelles pensées attristaient tous les spectateurs, que le devoir n'exposait encore qu'au canon de la place. Ces réflexions prolongées pouvaient amener un moment d'hésitation et tout perdre; Combe l'a compris : « En avant! » s'écrie-t-il à sa troupe ; et il vole au combat sur les ruines fumantes dont la poudre venait de faire un chaos ! Au milieu de la fusillade qui part de chaque maison, devenue une forteresse, après mille combats corps à corps, le vaillant chef de la seconde colonne d'attaque ayant pu pénétrer jusqu'au cœur de la ville, y tombe sous les coups de feu. Là finissaient ses obligations envers son pays, ses chefs et ses soldats; il en était affranchi par la mort dont il savait être frappé, et pouvait consacrer à sa famille le peu de moments qui lui restaient encore; mais il se survit à lui-même pour de plus nobles soins : puisant dans une âme fortement trempée assez d'énergie pour résister à la nature, dans ce moment suprème où elle reprend ses droits, il dédaigne jusqu'à la moindre tentative pour arrêter la perte de son sang.

Appuyé sur la pointe de son épée, il va lui-même placer ses postes dans les points importants; ensuite, sans permettre qu'un seul homme quitte le champ de bataille pour soutenir ses pas chancelants, il revient dire à son jeune général ce qu'il a fait pour assurer notre conquête. Après avoir satisfait ainsi à ce sentiment du devoir, en rendant compte du triomphe auquel il vient de concourir si chèrement, il exprime sa joie de ce beau fait d'armes ; et, épuisé par ce dernier effort , il demande enfin à aller mourir au milieu de ses enfants du 47e, en avouant qu'il est frappé mortellement ; et, quand il se retourne pour regagner son bivouac , alors seulement on s'aperçoit qu'une balle l'a traversé de part en part. Ce complément d'une vie si fertile en services rendus à la patrie lui offre , par le courage, le calme et la résignation qui l'ont couronnée, un de ces grands exemples de dévouement indiqués par la loi du 22 août 1790, exigés par celle du 11 avril 1831.

Votre Commission , dominée par cette conviction qu'elle espère vous voir partager, ne cherchera ni à exciter votre sympathie habituelle pour l'armée, ni à stimuler votre humanité par le tableau de la situation précaire de Mme Combe. Non , Messieurs, c'est à votre justice seule qu'il faut faire appel, quand il s'agit des gloires nationales. Pénétrée de cette vérité, votre Commission se borne à vous soumettre le projet de loi suivant, dont elle a l'honneur de vous proposer l'adoption.

PROJET DE LOI.

ARTICLE PREMIER.

Il est accordé, à titre de récompense nationale, une pension annuelle et viagère de 2,000 fr. à la dame Elisa Walker, veuve du colonel Combe , tué sur le champ de bataille le 15 octobre 1837, devant Constantine, en Afrique.

ART. 2.

Cette pension, dans laquelle sera confondue celle de 750 fr. dont jouit la dame veuve Combe, aux termes de la loi du 11 avril 1831, sera inscrite au grand-livre de la dette publique , avec jouissance du 1er janvier 1840.

Paris. — Imp. de C. BAJAT, rue Montmartre, 131.